Dr. med. Jörg Hennig
Jenny-Beth Schmitt

BORDBUCH

und Gesundheitspass

Ein Jahresbuch für
Oldtimer und Fahrer

AF221037

Zur Erinnerung an meinen lieben Vater (1934-2017), dessen Geburtsjahr das Baujahr unseres Singer Nine Sports ist und der in dem Jahr verstarb, als ich den blauen Roadster bekam.

Dr. med. Jörg Hennig

Jenny-Beth Schmitt

BORDBUCH

und Gesundheitspass

Ein Jahresbuch für
Oldtimer und Fahrer

© 2020 Dr. Jörg Hennig, Jenny Schmitt, Oelde

Herstellung und Verlag:
BoD – Books on Demand, Norderstedt

3. deutschsprachige Auflage 2020

ISBN 978-3-75282-412-4

TRI-TRIMMING® ist eine registrierte Marke

Umschlagfotos (2): Singer Nine Sports (1934)

Einleitung

Als Oldtimer-Besitzer kann man schon mal den Überblick verlieren über sämtliche Daten und Ereignisse rund um das zu umsorgende Kulturgut.

Wartungen, Pflege, Hauptuntersuchung und die zu tankenden Kraftstoffe und Öle und Schmierstoffe … welcher Reifendruck und welche Additive und ob überhaupt welche …

Wie behält man nur den Überblick über die durchzuführenden laufenden Reparaturen und Inspektionen?

Und wer stolzer Besitzer einer Oldtimer-Sammlung ist, der hat es dann umso schwerer …

Was muss noch alles gemacht werden bevor der Oldtimer für Fahrten genutzt werden kann und was noch bevor die Winterpause kommt?

Und dann stellt man an ein Oldtimer-Fahrtenbuch noch ganz andere Ansprüche als an eines für den Firmenwagen.

Ärzte wissen, dass nicht nur der Oldtimer derart umsorgt werden sollte, sondern auch die Gesundheit des Fahrers bzw. der Fahrerin.

Darum wurde hier ein Bordbuch konzipiert, das sich der „Gesundheit" von Oldtimern und deren Fahrern widmet. Vorsorgeuntersuchungen und ärztliche Behandlungen sowie die Bewegung des

Fahrzeughalters werden deshalb in diesem Bordbuch genauso geplant und dokumentiert.

So sollen Fahrer und deren Oldtimer „gesund" erhalten werden.

Die Kampagne „Gesund wie ein Oldtimer" unterstützt diese Idee und setzt sich insbesondere für die Prävention und auch Therapie von Krankheiten durch Bewegung und Sport ein. „Wer rastet, der rostet" gilt für Oldtimer und Fahrer.

Wir sind jederzeit offen und dankbar für gute Verbesserungsvorschläge. Schreiben Sie den Autoren gerne an **info@dr-hennig.de.**

Weitere Informationen auf
www.gesund-wie-ein-oldtimer.de
oder über Facebook
fb.me/Gesund.wie.ein.Oldtimer

Den Nutzern dieses besonderen Jahresplaners wünschen wir Gesundheit und viele schöne Stunden mit ihren Oldtimern.

Die Autoren

Dr. med. Jörg Hennig   **Jenny-Beth Schmitt**

INHALTSVERZEICHNIS

Diese Ausgabe entstand in Kooperation mit

I. Fahrer

Gesundheitspass und Bewegungsplaner

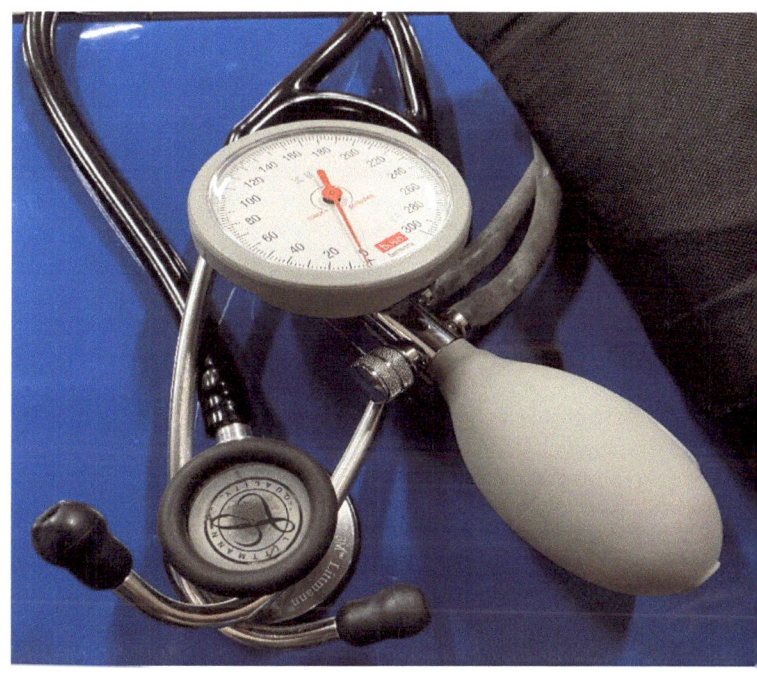

Fahrzeughalter-Daten

Name	
Vorname	
Geburtsdatum	
Krankenkasse	
Adresse	

Größe (cm)		
BMI*	25	30
Gewicht (kg)*		

*empfohlen

Blutgruppe	
Allergien	

	√
Organspendeausweis	
Patientenverfügung	

Behandelnde Ärzte

Hausarzt

Zahnarzt

Notarzt	Kassenärztlicher Notdienst
112	116 117

Chronische Erkrankungen

o Diabetes	o Schilddrüsenerkrankung
o Bluthochdruck	o KHK
o Herzschwäche	o Lungenerkrankung
o Schlaganfall	o erhöhte Blutfette
o Operationen	o Krebserkrankungen
o Thrombose	o Baucherkrankungen
o Sonstige:	

o keine

Medikamenteneinnahmen

Name/Wirkstoff	M	M	A

Morgens/Mittags/Abends

Fahrzeughalter-Status Jahresbeginn

Alter	
Größe (cm)	
Gewicht (kg)	
BMI	

Letzte Impfungen	Datum
Impfung (Td-Pert)	
Grippe	

Sonstiges	

Letzte Untersuchungen	Datum
Check-Up	
Krebsvorsorge (M/F)	
PSA-Untersuchung	
Brustkrebsvorsorge	
Darmkrebsvorsorge	
Hautkrebs-Screening	
Aortenaneurysma	
Zahngesundheit	
Sehtest	
Hörtest	
Sport-CheckUp	
Führerscheinuntersuchung	

Vorsorgeuntersuchungen „Große Inspektion"

!		√
	Check-Up/Gesundheitsuntersuchung	
	Sportvorsorgeuntersuchung	
	Darmkrebsvorsorge	
	Krebsvorsorge Mann	
	PSA-Untersuchung	
	Aortenaneurysma-Screening	
	Krebsvorsorge Frau	
	Brustkrebs-Screening	
	Hautkrebs-Screening	
	Impfberatung	
	Reiseimpfberatung	
	Sehtest	
	Hörtest	
	Zahnvorsorge	

JAHRESPLANER / WICHTIGE TERMINE

JANUAR	
FEBRUAR	
MÄRZ	
APRIL	
MAI	
JUNI	

JULI	
AUGUST	
SEPTEMBER	
OKTOBER	
NOVEMBER	
DEZEMBER	

To-Do-Liste

!	To-Do	√

!	To-Do	√

Arztbesuche/Krankenhausaufenthalte/...

Datum	Arzt/Erkrankung/Therapie

Datum	Arzt/Erkrankung/Therapie

Dokumentation Selbstmessungen (1x/Monat)

Monat	RR	Puls	BZ	Gewicht	√
1					
2					
3					
4					
5					
6					
7					
8					
9					
10					
11					
12					

RR=Blutdruck, BZ=Blutzucker

Dokumentation durch Arzt (quartalsweise)

Wert	1.Q	2.Q	3.Q	4.Q
Cholesterin				
HDL				
LDL				
Triglyceride				
Blutzucker				
HbA1c				
Urin				
PSA				
Blutdruck				

TRI-Trimming ®

KW	Swim	Bike	Run	√
1.				
2.				
3.				
4.				
5.				
6.				
7.				
8.				
9.				
10.				
11.				
12.				
13.				
14.				
15.				
16.				
17.				
18.				
19.				
20.				
21.				
22.				
23.				
24.				
25.				
26.				
27.				
28.				

KW	Swim	Bike	Run	√
29.				
30.				
31.				
32.				
33.				
34.				
35.				
36.				
37.				
38.				
39.				
40.				
41.				
42.				
43.				
44.				
45.				
46.				
47.				
48.				
49.				
50.				
51.				
52.				
53.				
Ziel erreicht				

Ausführliche tägliche Dokumentationsmöglichkeit in: Hennig/Schmitt: TRI-Trimming®, siehe Seite 82

Wer rastet der rostet ...! - TRI-Trimming®

Tri-Trimming® ist eigentlich keine neue Sportart, sondern Tri-Trimming® besteht aus den Ausdauersportarten Schwimmen, Radfahren und Laufen.

Sportmedizinisch ist hinreichend bekannt, dass insbesondere die Kombination dieser drei Sportarten für die Gesundheit förderlich ist. Durch die Abwechslung der Bewegungsmuster treten auch bei Anfängern weniger häufig Sportschäden oder Sportverletzungen auf.

Tri-Trimming® umfasst die Durchführung einer Distanz eines Volkstriathlons, absolviert in einer Woche:
500 m schwimmen, 20 km Radfahren und 5 km Laufen pro Woche. Dabei ist es egal, wie man es aufteilt.

Beispiele:
Montag bis Freitag täglich 100 m schwimmen, 4 km Radfahren und 1 km Laufen oder
Montag 500 m schwimmen, Mittwoch 20 km Radfahren und Freitag 5 km Laufen oder
Mo-Fr tgl. 500 m laufend zum Bäcker und zurück, 2 km mit dem Rad zur Arbeit und danach zurück und am Wochenende 500 m schwimmen oder... oder ... oder ...

Weitere Info: www.tri-trimming.de
Hennig/Schmitt: TRI-Trimming®, siehe Seite 82

II. Oldtimer

Wartungs- und Fahrtenbuch

Oldtimer-Daten

Hersteller	
Modell/Typ	
Erstzulassung	
Fahrgestellnummer	
Amtl. Kennzeichen	

Motoröl*	

Kraftstoff (additiv)*	(ja/nein)

Kühlflüssigkeit*	

Luftdruck*			PSI/BAR	
vorne	max.		*	
hinten	max.		*	

*empfohlen

28

Ansprechpartner

Versicherung
Werkstatt
Abschleppdienst
Oldtimer-Gutachter
Ersatzteile-Lieferant

Oldtimer-Status Jahresbeginn

Tachostand	
Ablese-Datum	Tachostand (km/miles)

Letzte HU/AU	
Datum	Tachostand

Letzter Motorölwechsel	
Datum	Tachostand

Neue Batterie eingebaut	
Datum	Typ

Sommer-/ Ganzjahresreifen I		aktuelle
Produktions-Datum	Tachostand	Profiltiefe
V		
H		

Winter-/Ganzjahresreifen II		aktuelle Profiltiefe
Produktions-Datum	Tachostand	
V		
H		

Letzter Abschmierdienst	
Datum	

Letzte große Inspektion	
Datum	

Letztes Wertgutachten	
Datum	Zustand/Wert

!		√
	Verbandskasten: Ablaufdatum prüfen	
	Warndreieck/Warnweste	
	Parkscheibe	
	Fahrzeugschein/Zulassungsbescheinigung 1	
	siehe Seite 45f.	

JAHRESPLANER / WICHTIGE TERMINE

JANUAR	
FEBRUAR	
MÄRZ	
APRIL	
MAI	
JUNI	

JULI	
AUGUST	
SEPTEMBER	
OKTOBER	
NOVEMBER	
DEZEMBER	

To-Do-Liste

!	To-Do	√

!	To-Do	√

Reparatur- und Wartungsarbeiten

Datum	Werkstatt/Reparatur/Wartung

Datum	Werkstatt/Reparatur/Wartung

Tank-Dokumentation

Datum	Tacho	Liter	Add.	Marke	voll

Datum	Tacho	Liter	Add.	Marke	voll

Verbrauch l/100 km

Datum	Liter getankt / Differenz Tacho km		x100 = Verbrauch/100km

Reinigung und Pflege

Datum	Reinigung (innen/außen)

Datum	Reinigung (innen/außen)

Große Inspektion

(nach Oldtimer Markt Sonderheft Nr. 56, Seite 4)

!		√
	Motoröl und Filter wechseln	
	Schaltgetriebeöl wechseln	
	Automatikgetriebeöl wechseln	
	Hinterachsgetriebeöl wechseln	
	Servolenkungsöl wechseln	
	Fahrwerksbuchsen auf Spiel/Risse prüfen	
	Lenkgetriebe auf Befestigung/Spiel prüfen	
	Lenkzwischenhebel auf Spiel prüfen	
	Zahnstangenlenkung: Manschetten prüfen	
	Kupplung prüfen/einstellen	
	Fahrwerksfedern auf Brüche untersuchen	
	Stoßdämpfer auf Dichtheit prüfen	
	Stoßdämpfer-Wipptest	
	Radlager auf Spiel prüfen und einstellen	
	Fahrwerk komplett abschmieren	
	Karosserie und Unterboden untersuchen	
	Scheibenwischerarme einstellen	
	Spritzwasser auffüllen und Düsen justieren	
	Karosseriedichtungen auf Risse prüfen	
	Tür- und Hauptscharniere fetten	
	Benzinschläuche auf Risse untersuchen	
	Schiebedach: reinigen und Schienen fetten	
	Cabriodach auf Dichtigkeit prüfen	
	Reifen: Zustand und Luftdruck prüfen	
	Reserverad: Zustand und Luftdruck prüfen	
	Beleuchtung: Lampen prüfen	
	Beleuchtung: Reflektoren prüfen	
	Beleuchtung: Scheinwerfer einstellen	

	Verbandskasten: Ablaufdatum prüfen	
	Warndreieck/Warnweste: vorhanden?	
	Parkscheibe: vorhanden?	
	Abschleppseil/-stange vorhanden?	
	Reservekanister: vorhanden?	
	Abgasanlage: Aufhängung prüfen	
	Abgasanlage auf Dichtheit und Risse prüfen	
	Kardanwelle: Kreuzgelenke prüfen	
	Kardanwelle: Hardyscheibe auf Risse prüfen	
	Luftfilterklappe auf Sommer/Winter stellen	
	Heizung zentral ein- oder ausschalten	
	Klimaanlage und Heizung testen	
	Kühler-Frostschutz prüfen/erneuern	
	Kühlsystem auf Dichtheit prüfen	
	Kraftstofffilter erneuern	
	Zündkerzen prüfen und ggf. erneuern	
	Luftfiltereinsatz erneuern	
	Keilriemenspannung prüfen, ggf. einstellen	
	Anhängerkupplung: Steckdose einsprühen	
	Hupe prüfen und einstellen	
	Batterie: Säuredichte prüfen	
	Batterie: destilliertes Wasser nachfüllen	
	Batterie: Pluspole fetten und abdecken	
	Lichtmaschine: Kohlen prüfen	
	Kabelbaum auf Beschädigungen prüfen	
	Sicherheitsgurte: Funktion/Zustand prüfen	
	Kontrollleuchten auf Funktion prüfen	
	Zahnriemen wechseln	
	Steuerkette auf Verschleiß prüfen	
	Bremsflüssigkeit testen ggf. wechseln	
	Bremsen richtig entlüften	
	Bremsen optisch aufarbeiten	

Scheibenbremsbelege prüfen, ggf. wechseln	
Trommelbremsen einstellen, ggf. Beläge neu	
Feststellbremse einstellen	
Ventile einstellen	
Zündung: Unterbrecherkontakte wechseln	
Zündung: Schließwinkel einstellen	
Zündzeitpunkt einstellen	
Vergaser/Injection: Leerlauf-CO einstellen	
Vergaser: Schwimmerstand einstellen	
Vergaser synchronisieren	
Vergaser reinigen	
Lackpflege (reinigen/polieren/wachsen)	
Chrom- und Aluteile pflegen und reinigen	
Felgen reinigen	
Cabriodach imprägnieren	
Innenraum aussaugen, Bodenpfelge	
Armaturen reinigen und pflegen	
Holz reinigen und pflegen	
Leder reinigen und pflegen	
Scheiben reinigen und untersuchen	
Sitze reinigen und pflegen	
Sitzschienen reinigen und fetten	
Motorraum reinigen	
Sicherungskasten reinigen	
Kofferraum reinigen	

Checkliste vor Ausfahrt/Rallye

	ERSTE HILFE FAHRZEUG	
	Taschenlampe; Warnlicht	
	Abschleppseil/-stange	
	Benzinkanister	
	Wasserkanister	
	Powerbank-Starthilfe, Starthilfekabel	
	Batterieladegerät	
	Küchenrolle, Lappen	
	Graues Klebeband/Panzerband	
	Startpilot Spray	
	Kabelbinder, Blumendraht, Schlauchschellen	
	Glühlampen	
	Kühlerdichtmittel	
	Bordwerkzeug abgestimmt auf Fahrzeug	
	Wagenheber und Radkreuz	
	Reserverad	

	ERSATZTEILE AUTO	
	2 Keilriemen (Wasserpumpe/Lichtmaschine)	
	Sicherungen, Relais	
	Öl- und Hydraulikflüssigkeit	
	Zündkerzen, -schlüssel, -kabel/-stecker	
	Verteilerkappe, -kontakt	
	Werkstatthandbuch, Teilekatalog	
	Benzinschlauch	

	FAHRER UND BEIFAHRER	
	Führerschein	
	Bargeld	
	Bequeme Kleidung, Handschuhe	
	Bequeme Schuhe (enge, heiße Pedalerie?)	
	Sonnenbrille, Sonnenhut, Sonnenschutz	
	Reiseproviant	
	Reiseapotheke	
	Smartphone mit Ladekabel/Adapter (12V)	

	FAHRZEUGUNTERLAGEN	
	„Bordbuch und Gesundheitspass" ;)	
	Betriebsanleitung	
	Versicherungsnachweis, Service-Card	
	Mitgliedskarte Automobilclub	

	ORIENTIERUNG	
	Kartenmaterial, Navigationssystem	
	Kartenlupe, Lesebrille	
	Schreibutensilien/Schreibunterlage	
	Stoppuhren, Wegstreckenzähler, Funkuhr	

	FAHRZEUG	
	Diebstahlsicherung, Lenkrad- oder Radkralle	
	Ersatzschlüssel	
	Ölmatte oder Malervlies	

Fahrtenbuch

Datum	
Tachostand vorher	
Tachostand nachher	
Wegstrecke	

Start-Check				
Motoröl		Kühlflüssigkeit	
Bremsflüssigkeit		Wischwasser	
Reifendruck		Lichttest	
Hupe		Bremse	

Logbuch

Besonderheiten

Batterie laden		Batterie abkl.	

Datum	
Tachostand vorher	
Tachostand nachher	
Wegstrecke	

Start-Check			
Motoröl		Kühlflüssigkeit	
Bremsflüssigkeit		Wischwasser	
Reifendruck		Lichttest	
Hupe		Bremse	

Logbuch

Besonderheiten

Batterie laden		Batterie abkl.	

Datum	
Tachostand vorher	
Tachostand nachher	
Wegstrecke	

Start-Check			
Motoröl		Kühlflüssigkeit	
Bremsflüssigkeit		Wischwasser	
Reifendruck		Lichttest	
Hupe		Bremse	

Logbuch

Besonderheiten

Batterie laden		Batterie abkl.	

Datum	
Tachostand vorher	
Tachostand nachher	
Wegstrecke	

Start-Check			
Motoröl		Kühlflüssigkeit	
Bremsflüssigkeit		Wischwasser	
Reifendruck		Lichttest	
Hupe		Bremse	

Logbuch

Besonderheiten

Batterie laden		Batterie abkl.	

Datum	
Tachostand vorher	
Tachostand nachher	
Wegstrecke	

Start-Check			
Motoröl		Kühlflüssigkeit	
Bremsflüssigkeit		Wischwasser	
Reifendruck		Lichttest	
Hupe		Bremse	

Logbuch

Besonderheiten

Batterie laden		Batterie abkl.	

Datum	
Tachostand vorher	
Tachostand nachher	
Wegstrecke	

Start-Check				
Motoröl			Kühlflüssigkeit	
Bremsflüssigkeit			Wischwasser	
Reifendruck			Lichttest	
Hupe			Bremse	

Logbuch

Besonderheiten

Batterie laden			Batterie abkl.	

Datum	
Tachostand vorher	
Tachostand nachher	
Wegstrecke	

Start-Check			
Motoröl		Kühlflüssigkeit	
Bremsflüssigkeit		Wischwasser	
Reifendruck		Lichttest	
Hupe		Bremse	

Logbuch

Besonderheiten

Batterie laden		Batterie abkl.	

Datum	
Tachostand vorher	
Tachostand nachher	
Wegstrecke	

Start-Check				
Motoröl			Kühlflüssigkeit	
Bremsflüssigkeit			Wischwasser	
Reifendruck			Lichttest	
Hupe			Bremse	

Logbuch

Besonderheiten

Batterie laden			Batterie abkl.	

Datum	
Tachostand vorher	
Tachostand nachher	
Wegstrecke	

Start-Check			
Motoröl		Kühlflüssigkeit	
Bremsflüssigkeit		Wischwasser	
Reifendruck		Lichttest	
Hupe		Bremse	

Logbuch

Besonderheiten

Batterie laden		Batterie abkl.	

Datum	
Tachostand vorher	
Tachostand nachher	
Wegstrecke	

Start-Check				
Motoröl		Kühlflüssigkeit	
Bremsflüssigkeit		Wischwasser	
Reifendruck		Lichttest	
Hupe		Bremse	

Logbuch

Besonderheiten

Batterie laden		Batterie abkl.	

Datum	
Tachostand vorher	
Tachostand nachher	
Wegstrecke	

Start-Check				
Motoröl			Kühlflüssigkeit	
Bremsflüssigkeit			Wischwasser	
Reifendruck			Lichttest	
Hupe			Bremse	

Logbuch

Besonderheiten

Batterie laden			Batterie abkl.	

Datum	
Tachostand vorher	
Tachostand nachher	
Wegstrecke	

Start-Check				
Motoröl			Kühlflüssigkeit	
Bremsflüssigkeit			Wischwasser	
Reifendruck			Lichttest	
Hupe			Bremse	

Logbuch

Besonderheiten

Batterie laden			Batterie abkl.	

58

Datum	
Tachostand vorher	
Tachostand nachher	
Wegstrecke	

Start-Check			
Motoröl		Kühlflüssigkeit	
Bremsflüssigkeit		Wischwasser	
Reifendruck		Lichttest	
Hupe		Bremse	

Logbuch

Besonderheiten

Batterie laden		Batterie abkl.	

Datum	
Tachostand vorher	
Tachostand nachher	
Wegstrecke	

Start-Check				
Motoröl		Kühlflüssigkeit	
Bremsflüssigkeit		Wischwasser	
Reifendruck		Lichttest	
Hupe		Bremse	

Logbuch

Besonderheiten

Batterie laden			Batterie abkl.	

Datum	
Tachostand vorher	
Tachostand nachher	
Wegstrecke	

Start-Check			
Motoröl		Kühlflüssigkeit	
Bremsflüssigkeit		Wischwasser	
Reifendruck		Lichttest	
Hupe		Bremse	

Logbuch

Besonderheiten

Batterie laden		Batterie abkl.	

Datum	
Tachostand vorher	
Tachostand nachher	
Wegstrecke	

Start-Check				
Motoröl		Kühlflüssigkeit	
Bremsflüssigkeit		Wischwasser	
Reifendruck		Lichttest	
Hupe		Bremse	

Logbuch

Besonderheiten

Batterie laden			Batterie abkl.	

62

Datum	
Tachostand vorher	
Tachostand nachher	
Wegstrecke	

Start-Check				
Motoröl			Kühlflüssigkeit	
Bremsflüssigkeit			Wischwasser	
Reifendruck			Lichttest	
Hupe			Bremse	

Logbuch

Besonderheiten

Batterie laden			Batterie abkl.	

Datum	
Tachostand vorher	
Tachostand nachher	
Wegstrecke	

Start-Check				
Motoröl			Kühlflüssigkeit	
Bremsflüssigkeit			Wischwasser	
Reifendruck			Lichttest	
Hupe			Bremse	

Logbuch

Besonderheiten

Batterie laden		Batterie abkl.	

64

Datum	
Tachostand vorher	
Tachostand nachher	
Wegstrecke	

Start-Check				
Motoröl			Kühlflüssigkeit	
Bremsflüssigkeit			Wischwasser	
Reifendruck			Lichttest	
Hupe			Bremse	

Logbuch

Besonderheiten

Batterie laden			Batterie abkl.	

Datum	
Tachostand vorher	
Tachostand nachher	
Wegstrecke	

Start-Check				
Motoröl			Kühlflüssigkeit	
Bremsflüssigkeit			Wischwasser	
Reifendruck			Lichttest	
Hupe			Bremse	

Logbuch

Besonderheiten

Batterie laden			Batterie abkl.	

66

Datum	
Tachostand vorher	
Tachostand nachher	
Wegstrecke	

Start-Check			
Motoröl		Kühlflüssigkeit	
Bremsflüssigkeit		Wischwasser	
Reifendruck		Lichttest	
Hupe		Bremse	

Logbuch

Besonderheiten

Batterie laden		Batterie abkl.	

Datum	
Tachostand vorher	
Tachostand nachher	
Wegstrecke	

Start-Check				
Motoröl			Kühlflüssigkeit	
Bremsflüssigkeit			Wischwasser	
Reifendruck			Lichttest	
Hupe			Bremse	

Logbuch

Besonderheiten

Batterie laden			Batterie abkl.	

68

Datum	
Tachostand vorher	
Tachostand nachher	
Wegstrecke	

Start-Check				
Motoröl			Kühlflüssigkeit	
Bremsflüssigkeit			Wischwasser	
Reifendruck			Lichttest	
Hupe			Bremse	

Logbuch

Besonderheiten

Batterie laden			Batterie abkl.	

Datum	
Tachostand vorher	
Tachostand nachher	
Wegstrecke	

Start-Check				
Motoröl			Kühlflüssigkeit	
Bremsflüssigkeit			Wischwasser	
Reifendruck			Lichttest	
Hupe			Bremse	

Logbuch

Besonderheiten

Batterie laden			Batterie abkl.	

Datum	
Tachostand vorher	
Tachostand nachher	
Wegstrecke	

Start-Check			
Motoröl		Kühlflüssigkeit	
Bremsflüssigkeit		Wischwasser	
Reifendruck		Lichttest	
Hupe		Bremse	

Logbuch

Besonderheiten

Batterie laden		Batterie abkl.	

Datum	
Tachostand vorher	
Tachostand nachher	
Wegstrecke	

Start-Check			
Motoröl		Kühlflüssigkeit	
Bremsflüssigkeit		Wischwasser	
Reifendruck		Lichttest	
Hupe		Bremse	

Logbuch

Besonderheiten

Batterie laden			Batterie abkl.	

Datum	
Tachostand vorher	
Tachostand nachher	
Wegstrecke	

Start-Check			
Motoröl		Kühlflüssigkeit	
Bremsflüssigkeit		Wischwasser	
Reifendruck		Lichttest	
Hupe		Bremse	

Logbuch

Besonderheiten

Batterie laden		Batterie abkl.	

Datum	
Tachostand vorher	
Tachostand nachher	
Wegstrecke	

Start-Check				
Motoröl		Kühlflüssigkeit	
Bremsflüssigkeit		Wischwasser	
Reifendruck		Lichttest	
Hupe		Bremse	

Logbuch

Besonderheiten

Batterie laden			Batterie abkl.	

Datum	
Tachostand vorher	
Tachostand nachher	
Wegstrecke	

Start-Check			
Motoröl		Kühlflüssigkeit	
Bremsflüssigkeit		Wischwasser	
Reifendruck		Lichttest	
Hupe		Bremse	

Logbuch

Besonderheiten

Batterie laden			Batterie abkl.	

Datum	
Tachostand vorher	
Tachostand nachher	
Wegstrecke	

Start-Check				
Motoröl			Kühlflüssigkeit	
Bremsflüssigkeit			Wischwasser	
Reifendruck			Lichttest	
Hupe			Bremse	

Logbuch

Besonderheiten

Batterie laden			Batterie abkl.	

Gefahrene Veranstaltungen (Rallye/Ausfahrt/...)

Datum	Name der Veranstaltung	Art

Tacho vorher	Tacho nachher	Wegstrecke

Gesamtwertung	Klassenwertung

Bemerkungen

Datum	Name der Veranstaltung	Art

Tacho vorher	Tacho nachher	Wegstrecke

Gesamtwertung	Klassenwertung

Bemerkungen

Datum	Name der Veranstaltung		Art

Tacho vorher	Tacho nachher	Wegstrecke

Gesamtwertung	Klassenwertung

Bemerkungen

Datum	Name der Veranstaltung		Art

Tacho vorher	Tacho nachher	Wegstrecke

Gesamtwertung	Klassenwertung

Bemerkungen

Fahrzeug überwintern

!		√
	Kühlmittel auf Frostschutz prüfen/ergänzen	
	Kraftstofftank voll tanken	
	Batterie: abklemmen	
	Batterie: Erhaltungsladegerät anschließen	
	Reifen auf maximalen Luftdruck füllen	
	Fenster zur Durchlüftung leicht öffnen	
	Feststellbremse nicht anziehen	
	Lose Bodenbeläge etc. herausnehmen	
	Fahrzeug abdecken	

To-Do-Liste bis zum Frühjahrserwachen

!	To-Do	√
!	*Neues Bordbuch besorgen*	

Notizen

Dr. med. Jörg Hennig

Facharzt für Allgemeinmedizin, Sportmedizin, Gesundheits-förderung und Prävention

Lehrarzt der Westfälischen Wilhelms-Universität Münster
3. Vorsitzender des Sportärztebund Westfalen

Jenny-Beth Schmitt

Medizinische Fachangestellte, Versorgungsassistentin in der Hausarztpraxis (VerAH), Nichtärztliche Praxisassistentin (NäPa),

Entlastende Versorgungsassistentin (EVA)

Singer Nine Sports (1934)

Die Autoren interessieren sich für Oldtimer aller Altersklassen. Am liebsten fahren sie im Vorkriegs-Oldtimer und nehmen

regelmäßig an Oldtimer-Rallyes teil.

81

TRI-Trimming®

Bewegung ist Medizin

Hennig, Dr. med. Jörg;
Schmitt, Jenny-Beth

ISBN 9783752877458
138 Seiten, 12x19 cm, Paperback
€ 11,90

Bewegung ist Medizin. Darum hat der Autor die Gesundheits-Aktion TRI-Trimming® ins Leben gerufen.
Das Buch ist so konzipiert, dass chronisch Kranke (insbesondere auch Patienten im DMP) die Therapie ihrer Krankheit mit Alltags-Bewegung selbst managen und Fortschritte dokumentieren können.
Wer rastet der rostet ... Mach' TRI-Trimming®

check4sports®

Die Sportvorsorgeuntersuchung

Hennig, Dr. med. Jörg;
Schmitt, Jenny-Beth

ISBN 9783750461314
138 Seiten, 12x19 cm, Paperback
€ 8,90

Ein Schwerpunkt der Sportmedizin ist die Prävention: Neulinge und Wiedereinsteiger im Sport wie auch routinierte Sporttreibende sollten unbedingt zum check4sports®, um Risiken aufzudecken und das Training zu steuern.
ZIEL DIESES BUCHES ist es, diese regelmäßigen Vorsorgeuntersuchungen und den Gesundheitszustand des Sportlers über fünf Jahre zu dokumentieren.

Englischsprachige Ausgabe des „Bordbuch und Gesundheitspass"
The Health Logbook for Classic Cars and their Drivers
Hennig, Dr. med. Jörg/Schmitt, Jenny
ISBN 9783750440661, BoD, 80 S., Paperback, € 9,90
Die Schriftenreihe der Autoren wird fortgesetzt.